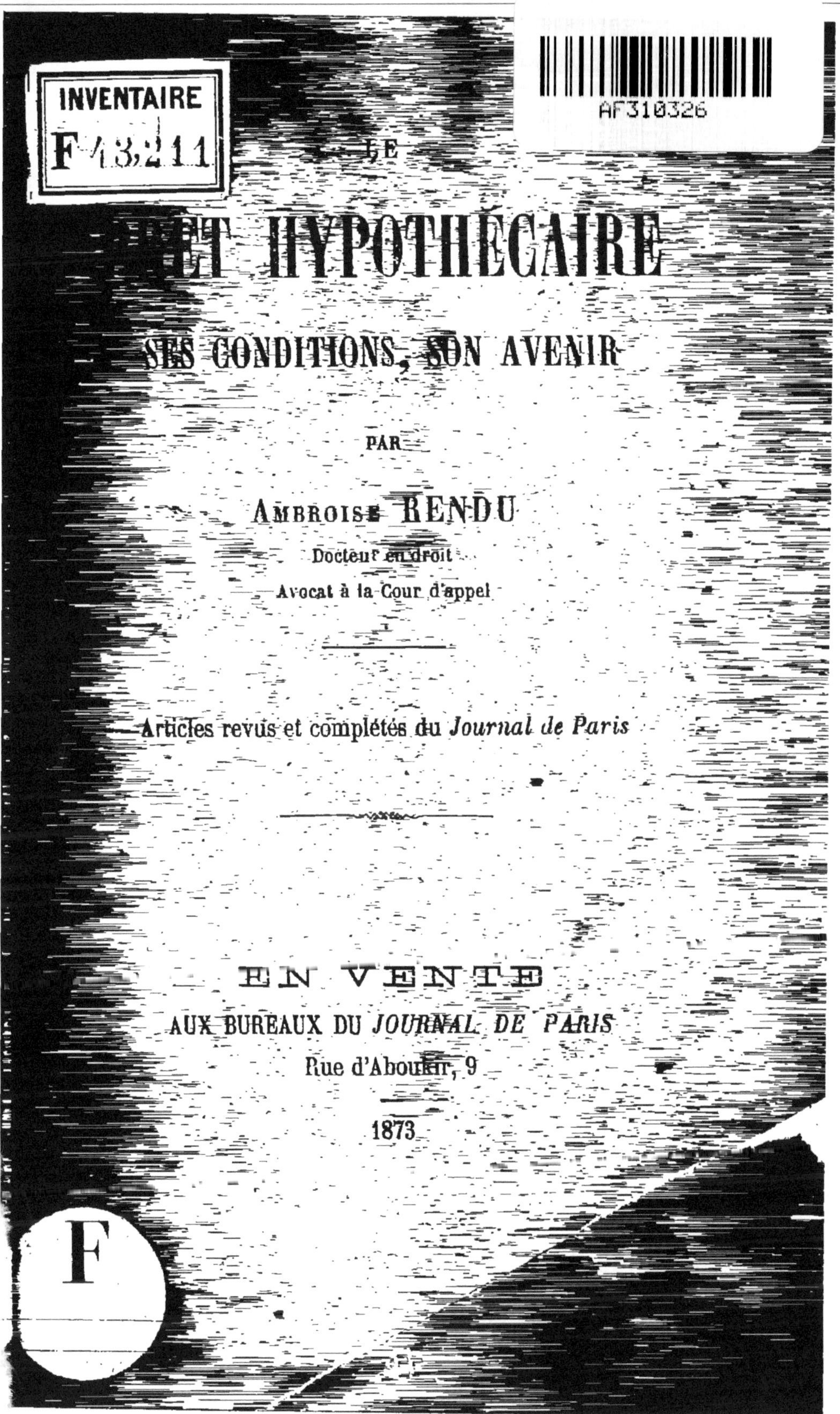

LE [...]ET HYPOTHÉCAIRE

SES CONDITIONS, SON AVENIR

PAR

Ambroise RENDU

Docteur en droit

Avocat à la Cour d'appel

Articles revus et complétés du *Journal de Paris*

EN VENTE

AUX BUREAUX DU *JOURNAL DE PARIS*

Rue d'Aboukir, 9

1873

LE PRÊT HYPOTHÉCAIRE

SES CONDITIONS, SON AVENIR

Tours. — Imprimerie Ernest Mazereau

Rue Richelieu, 13.

LE

PRÊT HYPOTHÉCAIRE

SES CONDITIONS, SON AVENIR

PAR

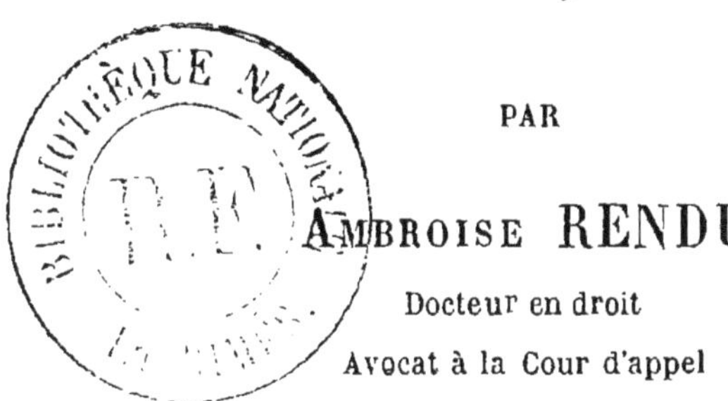

Ambroise RENDU

Docteur en droit

Avocat à la Cour d'appel

Articles revus et complétés du *Journal de Paris*

EN VENTE

AUX BUREAUX DU *JOURNAL DE PARIS*

Rue d'Aboukir, 9

1873

LE PRÊT HYPOTHÉCAIRE

SES CONDITIONS, SON AVENIR.

La pensée de cette étude m'est venue à la fin des vacances dernières. Je me trouvais dans un des plus riches départements du Midi, et rencontrant un notaire du pays, fort au courant de toutes les questions agricoles, je lui demandais ce que pensaient et disaient ses collègues des conditions faites à la propriété foncière par la loi du 23 juin 1872.

— C'est là une charge nouvelle, observais-je, et je crains qu'elle ne constitue une entrave sérieuse au développement des prêts hypothécaires.

Mon interlocuteur parut surpris de ma réflexion.

— Vous me demandez ce que je pense de la loi nouvelle et ce qu'on dit autour de moi, reprit-il vivement. Hélas ! il ne reste des prêts hypothécaires qu'un souvenir déjà lointain. C'est une opération qui ne compte plus sur nos registres que pour mémoire. Et, puisque vous m'écoutez, je vais être auprès de vous l'interprète et l'écho des doléances qui me parviennent de toutes parts, de mes clients et de mes collègues. Vous comprendrez alors si j'ai raison de vous dire que le prêt hypothécaire, dont l'influence a été féconde jadis, à l'heure présente, n'existe plus.

— Nous ne faisons pas, continuait-il, de politique dans nos études. Nos discussions sont limitées aux intérêts dont nous sommes la sauvegarde, et tandis qu'à Paris ou à Versailles, vous écrivez ou parlez sur les questions constitutionnelles, demandant à l'avenir ce qui doit rester son secret, eh bien ! nous assistons à une crise qui nous préoccupe davantage. Et vous n'entendez pas le concert de plaintes qui s'élève autour de nous ; votre oreille, dans ces hautes régions de la spéculation politique où vous prétendez vous maintenir, s'est fermée à ces murmures qui grandissent sans cesse, et vous serez réveillés un jour prochain par ce cri : La propriété foncière se meurt ; ce jour-là il sera trop tard.

« Mais, reprenais-je avec étonnement, d'où donc tirez-vous de si navrants présages, sur quelles indications fondez-vous tant de craintes ? Est-ce que les récoltes n'ont pas été cette année plus belles qu'on ne les a vues depuis près d'un demi siècle ? est-ce que les céréales ne conservent pas un cours rémunérateur ? est-ce que le prix du vin n'augmente pas tous les jours ? — Ah ! vous êtes bien loin de la vérité, me dit-il alors, et ce que vous ne savez pas, nos représentants l'ignorent aussi. La propriété foncière se meurt, répéta-t-il ! demain, si le législateur n'y veille, elle sera morte, et en même temps il me montrait des amas de lettres échangées avec les chambres des notaires, avec des clients besogneux, et qui toutes contenaient des variations sur ce thème : « La terre n'a plus de crédit ! »

Effrayé de l'état de choses qui se révélait ainsi à moi, et touché des observations topiques de mon interlocuteur, j'ai résolu de me faire, à mon tour, l'organe de ces réclamations, et d'appeler la sollicitude de l'Assemblée nationale sur un sujet aussi digne d'intérêt. Tel est le but de cette étude. Signaler la crise meurtrière dans laquelle est engagée la propriété foncière, chercher ensuite, à l'aide des observations qui m'ont été communiquées, des documents que je possède, s'il existe un remède au mal, comment ce remède pourra s'appliquer et quelle formule il faudra lui donner.

Peu de questions présentent un intérêt d'actualité aussi saisissant. Je n'en connais pas dont la solution soit attendue avec tant d'impatience et d'angoisses. C'est au nom d'une classe particulièrement intéressante, celle des petits cultivateurs et des industriels, que j'élève la voix. Ma réclamation n'est inspirée que de leur souffrance ; c'est assez dire à quels titres elle mérite d'être accueillie.

Je n'ai pas, sans doute, la prétention téméraire de chercher ni d'indiquer un remède aux gênes nombreuses qui semblent enlacer le propriétaire comme d'un réseau et qui se resserrent sans cesse. Mais je serais heureux, en signalant le mal, d'éveiller l'attention de quelques-uns de nos représentants, d'exciter leurs méditations, bien sûr qu'alors une résolution salutaire jaillirait de ces réflexions. J'aurais ainsi obtenu la plus douce récompense que le travail puisse se promettre, avoir servi à quelque chose.

I.

Il ne serait pas juste de faire porter toute la responsabilité du malaise que j'ai signalé sur les événements de ces dernières années. S'il est vrai de dire que les souffrances de l'agriculture ont augmenté avec la gêne commune ; il faut observer cependant qu'elles datent de plusieurs années déjà.

Pendant l'empire, sous ce verni de prospérité qui nous avait trompés, on a pu saisir à certains indices le danger de la voie où nous étions engagés. La crise était latente et cependant on se préoccupait de lui chercher une solution. Ainsi une lettre demeurée célèbre que Napoléon III écrivait le 5 janvier 1860, appelait l'attention du corps législatif sur la position précaire des agriculteurs.

Lors de l'enquête spéciale ouverte en 1864, les dépositions des notaires et des cultivateurs avaient précisé les causes et l'étendue du mal. Aussi, lorsque au moment où le régime impérial paraissant à son apogée, en 1866, il fut procédé à la grande enquête agricole. M. Gaudin, conseiller d'Etat, chargé de recueillir les réclamations de l'agricultnre et de l'industrie, écrivait dans son rapport :

« Un fait domine la situation, c'est l'insuffisance déclarée si souvent, proclamée dans l'enquête de 1864, des conditions actuelles du crédit agricole. Les prêts hypothécaires diminuent tous les jours. Dans certaines localités, en quelques années, le nombre en a été réduit de neuf dixièmes; or, en admettant même qu'une proportion importante de propriétaires ait pu se libérer, de semblables chiffres portent en eux-mêmes la preuve de l'insuffisance des capitaux.

« Partisans de la liberté absolue ou défenseurs des mesures restrictives, presque tous les déposants déclarent, en effet, que les capitaux manquent à l'agriculture et demandent avec instance que le gouvernement avise aux moyens de leur en procurer. » Et M. Josseau, dont la compétence est si grande en matière de crédit agricole, consulté sur les moyens de relever le crédit du sol, écrivait à son tour : « Parmi les causes qui paralysent les progrès de l'agriculture, il en est une que l'on s'accorde généralement à reconnaître, c'est le manque d'argent, ou plutôt l'insuffisance du crédit dont elle jouit pour se procurer le capital indispensable à ses besoins les plus urgents. » Ces observations se reproduisent à chacune des pages de ces gros volumes où sont ensevelies tant de dépositions précieuses. A part quelques esprits inquiets et timorés, tous s'accordaient à réclamer des modifications sérieuses aux lois qui réglementent le crédit du sol.

Nous étions cependant à une époque où la fortune publique avait pris un prodigieux accroissement, où l'argent affluait et où les placements les moins rénumérateurs étaient avidement recherchés. La rente alors rapportait à peine 4 1[2 pour cent, et malgré cette infériorité on la préférait au prêt hypothécaire qui donnait 5 0[0. Il ne faut donc pas, comme je l'avançais plus haut, chercher dans les événements récents la cause directe et immédiate du malaise, afin de s'en faire une arme contre ceux qui y ont présidé. Le mal n'est pas d'hier : Né pendant une période de paix et de prospérité intérieure, il n'a fait que s'aggraver avec les désordres et les désastres que nous avons traversés depuis deux ans. Il n'est donc plus permis de répondre par cette fin de non-recevoir usuelle en temps de révolution : « C'est une crise passagère ; elle s'évanouira quand, le calme étant revenu, le pays aura repris conscience de ses ressources et de ses forces. »

Mais il ne faudra pas s'étonner des sombres couleurs, que revêtait, dans la bouche de mon interlocuteur, le tableau de la situation agricole. Si les prêts hypothécaires avaient diminué des neuf dixièmes en 1866, à quelle proportion est-on descendu aujourd'hui.

L'attention publique, toutefois, n'aurait pas été attirée d'une manière spéciale sur la position précaire d'un grand nombre de cultivateurs, si au mois de juin 1872, une loi n'avait été votée qui établissait un impôt de 2 0|0 sur le revenu des créances hypothécaires. En vain M. Sebert, présicident de la chambre des notaires, armé de sa haute expérience, et mieux placé que tout autre pour annoncer les résultats probables de la loi qu'on allait voter, avait-il combattu le projet de toutes ses forces. En vain, il avait dit que l'impôt de 2 0|0 sur le revenu hypothécaire allait porter le dernier coup au crédit du sol, et qu'au lieu de créer une charge nouvelle, il était urgent de chercher un remède à la crise agricole. La loi avait été votée; il fallait trouver de l'argent à tout prix et partout; il fallait assurer le paiement de la dette énorme que nous avions assumée, et on ne s'était pas inquiété de savoir si le nouvel impôt créé sur un produit, ne s'était pas dévoré lui-même et s'il n'avait pas, en naissant, tari la source du revenu sur lequel on voulait l'asseoir.

Alors et avant le délai fixé pour la mise en activité de la loi votée, les réclamations s'élevèrent de toutes parts. Le *Journal du Notariat*, publia une remarquable étude de M. Baget, un vétéran du notariat, sur les conditions fâcheuses que l'on avait faites à l'agriculture. Peu de temps après, le même journal insérait une pétition signée par tous les membres du comité départemental des notaires et adressée à l'Assemblée nationale, signalant la crise et demandant le retrait de la loi du 22 juin. L'alarme était donnée, les signataires de la pétition avaient eu le courage de proclamer une vérité que chacun savait déjà et n'osait dire : que le prêt hypothécaire était devenu excessivement rare et qu'on allait le détruire.

L'opinion publique s'émut de ces révélations. Et tout dernièrement, sans que le jour fut venu encore de discuter la pétition, le ministre des finances a lui-même proposé à l'Assemblée nationale de rapporter la loi du 23 juin : ce qui a été fait à l'unanimité et sans discussion.

Je n'aurai donc plus à parler de ces articles sinon pour y chercher une confirmation aux faits que j'avance. Qui donc en ces matières n'attacherait une grande importance, et un grand crédit aux observations des notaires. Plus compétents que nuls autres, ils ont pu mieux se rendre compte du mal, de ses progrès, de son intensité.

Ces deux documents que je me propose d'examiner et qui ont la valeur d'une éclatante manifestation, ne sont que le développement de la confidence que me faisait l'honorable notaire avec lequel je causais. Tous deux indiquent le mal et cherchent une solution au problème que les événements ont posé. On pourrait les résumer dans cette phrase banale à force d'être vraie : Les notaires, aujourd'hui, quelle que soit leur résidence, quelle que soit leur clientèle, ne peuvent plus servir d'intermédiaires aux prêts hypothécaires. En face d'une armée d'emprunteurs, armée qui grossit d'heure en heure, ils sont impuissants à trouver des bailleurs de fonds. C'est ainsi que le mal s'est révélé, et la pétition que je signalais n'est en effet que le lamentable résumé de toutes les demandes adressées à leurs notaires par des clients embarrassés. Elle est aussi le résumé de toutes les réponses.

La crise est donc générale, et il est d'intérêt public de lui trouver, à bref délai, un spécifique. La situation s'aggrave et les établissements de crédit ne peuvent plus, j'essaierai de

le prouver, offrir à toutes ces gênes autre chose qu'un secours illusoire, quand leurs combinaisons n'ont pas pour résultat de hâter la ruine de celui qui s'adresse à eux pour escompter un avenir douteux. Je parle ici de Paris comme des
départements, des maisons comme des champs, le mal est
aussi grand partout, le danger est aussi pressant.

Cette situation financière étant malheureusement constante,
et devant à juste titre préoccuper l'attention de tous ceux qui
s'intéressent à l'avenir de la propriété foncière, de tous ceux
qui croient que la terre est seule la source de la prospérité
publique ; comment M. Thiers, suivant l'exemple de Napoléon III, n'en a-t-il pas parlé dans le message fameux par
lequel il inaugurait la seconde session de 1872 ?

Comment le président de la République, parcourant dans
un exposé rapide et séduisant les éléments divers dont se
compose la prospérité du pays, n'a-t-il pas signalé ce mal
dont tant de gens souffrent, comment n'a-t-il pas fait mention
de ces plaintes dont chaque notaire est le confident, dont chaque
chambre des notaires s'est fait l'organe. Comment enfin a-
t-il pu ignorer la crise, et s'il ne l'ignorait pas, comment n'a-
t-il pas osé n parler ?

A ces questions que chacun s'est déjà posées, je suis fort
empêché de répondre. Est-ce parce qu'à côté du brillant tableau d'où se détachent avec éclat les gros chiffres, qui sont
l'expression numérique de notre prospérité, il n'y aurait pas
de place pour un point noir ? Mais le Message a parlé du déficit notable constaté dans le rendement des impôts. Il ne
faut donc pas dire que le chef du gouvernement a voulu dissimuler une vérité pénible et qui eût pu singulièrement at-
trister l'enthousiasme de ses amis. Je ne le crois pas, pour ma

part, et je suis convaincu que là n'est pas la cause de ce fâcheux silence. Elle est dans une disposition d'esprit spéciale à ceux qui gouvernent. Ils ferment les yeux à tout malaise qui ne se résout pas immédiatement en un déficit dans les impôts. Ils n'écoutent pas les plaintes si générales qu'elles soient, ou s'ils les entendent, ils répondent par ces mots d'une cruelle banalité : « Ces propriétaires se plaignent toujours ! »

C'est ce qui est arrivé après l'enquête agricole de 1866. Toutes ces plaintes échappées à tant de souffrances ont bien été recuillies, mais elles sont restées depuis consignées dans un volumineux dossier, et elles y dorment comme dans une nécropole. Elles ont partagé le sort des autres, où si elles sont arrivées comme un timide écho à l'oreille de ceux qui auraient pu les consoler, elles ont déjà obtenu leur réponse : « Ces propriétaires se plaignent toujours. »

Je crois donc qu'il ne faut pas se lasser de répéter les mêmes choses quand il s'agit d'un grand résultat à obtenir. Pour vaincre cette funeste disposition à laquelle les gouvernements n'échappent pas, il faut reproduire ses réclamations. On accorde parfois à l'importunité du solliciteur ce qu'on aurait refusé à la plus légitime requête. Telle doit être notre méthode, si nous voulons être écoutés. Demander encore, demander toujours.

Je me propose donc, certain d'être appuyé dans la voie où je m'engage, de rentrer encore dans la question si souvent traitée des souffrances de l'agriculture. C'est un thème banal, dit-on, je le veux bien ; mais est-il rien de si banal que la misère, et parce que beaucoup souffrent et pleurent, faut-il pour cela fermer l'oreille à la douleur ?

Ces considérations me soutiendront dans la tâche ingrate que je me suis donnée, et sans revenir trop souvent sur les souvenirs lointains déjà de l'enquête agricole d'où j'ai détaché d'utiles indications, je rechercherai quelles sont les causes immédiates et certaines du malaise. Je me demanderai si en dehors des palliatifs que le temps apporte à toutes les souffrances, il n'y a pas de remède certain que le législateur puisse appliquer de la même main qui hier encore avivait la blessure.

II.

La cause première, et il ne faut pas s'en dissimuler la gravité, du malaise qui pèse sur la propriété foncière, c'est l'accroissement énorme des valeurs mobilières, c'est l'absorption par elles de tout le numéraire, l'entassement de tous ces titres jetés sur le marché par l'Etat et les sociétés privées ; et, si l'on cherche le motif immédiat, c'est le taux inférieur auquel les émissions ont été faites.

Qu'on ne m'accuse pas d'exagérer les causes du mal pour en forcer les conséquences. Je détache de la pétition dont j'ai parlé déjà, ces quelques lignes qui en diront bien plus que mes propres assertions.

« Dans ces vingt dernières années, à la suite de nos grands emprunts et des émissions de valeurs de toute nature, il s'est créé une industrie bâtarde, parasite, malsaine, qui consiste à épier et à exploiter les fluctuations de la Bourse. Après avoir conquis les petites villes, cette industrie marche à la conquête des campagnes. D'un autre côté, de grandes sociétés de crédit servies par des agents actifs font refluer vers Paris les capitaux de la province. »

C'est la force des choses d'ailleurs qui a conduit à ce résultat, facile à prévoir le jour où l'on a vu avec quelle faveur le public accueillait les premières émissions des actions et des obligations de chemins de fer. Tellement qu'on pouvait écrire en 1857, à une époque où l'argent n'était pas rare et où la rente atteignait un taux fort élevé : « Les capitalistes de province s'aperçoivent que leur argent reste stationnaire au milieu de la hausse générale des fournitures. Ils retirent alors leurs fonds aux notaires qui les plaçaient à 5 0i0, pour les envoyer aux agents de change qui les placeront à 10 pour cent. »

Et en 1896, dans son rapport, M. Gaudin mentionnait les demandes qui lui arrivaient de tous côtés, les projets financiers dont il était devenu le confident. Pour opposer aux valeurs de Bourse, l'agriculture inquiète réclamait la création de banques, où viendraient, on l'espérait du moins, refluer pour être mis à la disposition des travaux agricoles, les capitaux absorbés depuis nombre d'années, par le commerce, la grande industrie et surtout la spéculation.

Ce n'est pas qu'à ce propos, et en constatant un résultat fâcheux, je me permette de blâmer les émissions récentes. Loin de moi la pensée de critiquer ces colossales opérations qui ont permis à notre pays, épuisé par la guerre, de maintenir son crédit et de conserver son prestige financier. L'Emprunt a été une lamentable nécessité que nous ont imposée, avec leur succession, l'empire et les hommes de septembre : il a bien fallu, pour notre honneur, liquider tant de fautes et de folies, il a bien fallu payer notre rançon à l'étranger.

Je reconnais volontiers que le mode de l'Emprunt national était favorable plus que tout autre aux opérations du Trésor, et assurait le recouvrement de si grosses sommes. Mais il m'est aussi permis de constater ce résultat nécessaire : c'est que l'argent jadis consacré aux travaux de la terre, l'argent qui, sous la forme du prêt hypothécaire, venait en aide au cultivateur besogneux ou développait les richesses du pays, cet argent-là est maintenant converti en titres de rentes sur l'Etat, et le crédit du sol, privé de cet aliment indispensable, est réduit à vivre d'expédients jusqu'au jour de la débâcle.

Pouvait-on, en présence des événements et de leurs douloureuses conséquences, échapper à ces nécessités financières ? pouvait-on par d'autres combinaisons obtenir un résultat différent ? Je n'ai point à le chercher, et d'ailleurs le regret du passé est stérile quand il ne prépare pas l'avenir; mais je déplore le résultat, et maintenant qu'il est acquis, il faut lui chercher un remède.

Je ne suis pas d'ailleurs le premier à me préoccuper de ces mœurs financières qui se substituent de jour en jour aux anciennes coutumes. Il y a longtemps que Mirabeau prononçait ces paroles, reproduites dans la pétition que j'ai citée : « Ne faut-il pas repousser vers nos champs le numéraire que Paris absorbe, et absorbe pour tout corrompre ? » Et si ces paroles sévères étaient déjà vraies à la fin du siècle dernier, quand le marché des titres n'existait pas encore, que faut-il dire aujourd'hui en face de cette masse considérable de valeurs de toutes sortes qui s'offrent aussi bien à la spéculation effrénée qu'aux placements sérieux : valeurs à lots, à gros intérêts, à primes tentantes.

On me fera, je le sais, diverses objections. Les uns me diront :

Mais vous avez tort de comparer le prêt hypothécaire délaissé, aux valeurs immobilières si recherchées aujourd'hui.
Leur but et leur nature sont différents ; on ne saurait attri-
buer à l'accroissement des unes la disparition des autres. Le
prêt hypothécaire n'a jamais été considéré que comme un
placement de père de famille ; il sert aux emplois et aux
remplois ; il sauvegarde la fortune des incapables. Garanti
par la loi, il a toujours, par son caractère de stabilité, offert
au capitaliste modeste et prévoyant un placement plus sûr
que tous les autres.

D'autres reprenant la théorie que M. Du Miral exposait à la
commission d'enquête en 1866, iront plus loin encore. Ce qui
fait, diront-ils, la faveur du prêt hypothécaire, c'est que le
capital demeure intact, c'est qu'il est à l'abri des coups de
bourse et des hasards de l'avenir.

« Ainsi je connais, ajoutait l'honorable député dont je repro-
duis les observations, des capitalistes qui ont refusé le remboursement de leurs créances dans un moment où les valeurs
de bourse avaient le plus de faveur, parce qu'ils destinaient
la somme prêtée aux dots des filles ou à des projets d'avenir,
pour lesquels le prêt hypothécaire présente une certitude
que le placement en valeurs de bourse ne présente jamais. »

Tout ce que vous avancez, répondrai-je aux premiers, est
fort vrai, mais il faut tenir compte d'une chose : c'est que si,
à revenu égal, le prêt hypothécaire est regardé par le capitaliste avec plus de faveur que les placements en rentes ou en
obligations, comment s'étonner du discrédit dont il est frappé
quand on sait qu'il rapporte 1 0\0 de moins que les valeurs
les plus sûres, garanties par leur nature même contre les
éventualités de l'avenir ?

Quel est le père de famille, si prudent qu'il soit, qui, même en des temps troublés et incertains comme les nôtres, ne se laissera pas séduire par la perspective d'un intérêt à 6 0|0 en excellentes valeurs quand l'hypothèque ne lui assure que 5 0|0 ? La tentation est trop forte, bien peu y peuvent résister, et on ne saurait les blâmer d'avoir confiance dans l'avenir. Un exemple rendra mon raisonnement plus frappant encore : Si, avec 83,000 francs, je puis avoir 5,000 francs de rente sur l'Etat, ayant pour garantie de mon placement le crédit du pays, ses richesses et ses impôts, puis-je être qualifié d'imprudent quand je préfère acheter avec mes fonds des titres de rente 5 0|0, plutôt que de les employer en hypothèques pour ne retirer que 4,150 francs de ces mêmes 83,000 francs.

Le même raisonnement peut être transporté aux obligations foncières, qui rapportent plus de 5 1|2 0|0 sur une véritable hypothèque, qui sont remboursables en cinquante ans à un taux largement rénumérateur, et qui enfin donnent à leur possesseur l'espoir et l'appât d'un lot de 100,000 fr. à chaque tirage et d'un grand nombre de lots d'une moindre valeur.

Combien mon observation paraîtra plus frappante encore, si je rappelle les emprunts faits par des gouvernements étrangers à 10, à 12 0|0, avec des garanties dont l'avenir a presque toujours montré la solidité.

Aux seconds je dirai : Mais si vous voyez, et si l'on doit voir tant d'avantages dans le placement hypothécaire, comment se fait-il que, de l'aveu de tous, il soit délaissé ? Comment se fait-il que les capitaux l'évitent avec tant de soin ? La réalité, et vous êtes bien forcés d'en convenir, c'est que le placement hypothécaire ne peut pas lutter avec le placement en fonds d'Etat, parce que le capital qu'il garantit n'est pas susceptible de s'accroître, et que d'autre part il n'est pas plus assuré contre les éventualités de l'avenir que celui qu'on emploie à acheter des rentes. Qui donc ne prévoit pas la hausse, c'est-à-dire l'augmentation de sa fortune, et qui donc surtout, à cette époque où les capitaux se sont maintenus à des taux fort bas, n'a pas le droit d'espérer que ne pouvant descendre; ils monteront.

C'est là une considération très-légitime, qui agit sur les pères de famille les plus prudents et dont il serait déraisonnable de ne pas tenir compte. Elle est logique, elle est patriotique même, il faut la respecter et surtout l'accepter.

L'argument de M. du Miral tombe donc devant cette observation. Il n'en subsistera rien quand j'aurai parlé des inconvénients attachés au contrat hypothécaire, et parmi lesquels le moindre est la fixité du capital.

La réponse d'ailleurs n'est pas nouvelle et je la trouve revêtue d'une forme piquante dans une brochure déjà ancienne de M. Laurier (*la Liberté de l'argent*) : ce qu'il disait, il y a quinze ans, n'est-ce pas le cas de le redire aujourd'hui ? Et combien le raisonnement est plus frappant encore.

« Les actions du chemin de fer du Nord donnent 60 francs de revenu. Elles sont cotées à 800 francs. Je ne serai pas assez sot pour prêter à 5 0/0 sur hypothèque.

« Même observation pour le chemin de fer d'Orléans, pour le chemin de fer de Lyon. Le revenu des actions peut baisser, il est vrai, mais les immeubles peuvent diminuer de valeur aussi ; les hypothèques ont fait plus de victimes que les chemins de fer parmi les capitalistes. Le capital placé sur hypothèque est immobilisé neuf fois sur dix ; il est quelquefois perdu ; il ne grandit jamais ; le service des intérêts est régulier ; le capital placé sur les chemins de fer est toujours réalisable ; il grandit pour qui sait attendre ; les revenus peuvent décroître, mais non pas disparaître. »

La même réponse a été faite plus tard à M. Dupin qui défendait devant le Sénat les restrictions de la loi de 1807. L'honorable économiste disait : Si l'Etat emprunte à un taux plus élevé, c'est parce qu'il fait courir plus de risques à ses prêteurs. On lui répondit très-justement que c'était une grave erreur, que l'hypothèque vivait sur sa vieille réputation de solidité, et que ceux qui exagéraient ses avantages et son crédit étaient précisément ceux qui n'avaient jamais prêté sur hypothèque.

M. de Lavenay devant la commission d'enquête tenait le même langage, confirmé par une longue expérience.

Ce n'est pas tout. A côté de ces avantages pécuniaires que les fonds publics assurent à leurs fortunés souscripteurs, et qui ont fait refluer sur la rente le capital jadis employé en prêts à l'agriculture, il en est d'autres aussi qu'il ne faut pas négliger, car ils ont leur importance et leur intérêt.

Est-ce que l'Etat, avec beaucoup de raison, n'encourage pas, par tous les moyens possibles, le classement de ses emprunts ? Il favorise ses créanciers en leur donnant la certitude d'être toujours payés à époque fixe, sans désagrément, sans retenue, et jusque dans les plus petits villages. Enfin, le titre de rente se cède presque sans frais, sans écritures, sans papier timbré, et assure ainsi au créancier un remboursement certain dès qu'il voudra rentrer dans ses fonds.

Mais si je compare, à tous ces points de vue, l'obligation hypothécaire au titre de rente, quelle différence au détriment de celle-ci déjà dépréciée par son moindre revenu. Elle rapporte moins, elle n'est pas plus sûre, elle peut à chaque paiement d'intérêts, paiements en général espacés, donner lieu à des poursuites pénibles. Elle cause le plus souvent, aux époques de remboursement, de grands ennuis et de grands embarras au créancier, sans que celui-ci les puisse éviter. Il lui faut, pour se faire payer, recourir à la coûteuse procédure de la saisie immobilière, à l'adjudication ; il est exposé au délaissement, et, alors même que l'échéance n'est pas encore arrivée, obligé de veiller au renouvellement des inscriptions et de vérifier à chaque instant si le débiteur n'a pas compromis son gage, par des coupes exagérées, ou même par simple négligence.

Enfin il est soumis aux longueurs d'une procédure d'ordre, pendant laquelle on lui fait attendre ses intérêts, et ce n'est qu'au bout de plusieurs mois, s'il n'y a pas d'incidents, qu'il obtient son bordereau de collocation.

Si bien que les signataires de la pétition à laquelle j'ai déjà renvoyé, après avoir insisté sur ces inconvénients pratiques et montré que le capitaliste s'en effrayait avec raison, ajoutaient :

« Doit-on encore accroître les causes de cet éloignement ? Ne voit-on pas qu'en rendant plus difficile le crédit hypothécaire, on détourne les citoyens de la possession du sol, on arrête l'élan qui dirige les populations vers la propriété foncière, et on tarit l'une des sources les plus fécondes qui alimentent le Trésor public. »

Poursuivons. Si l'échéance est éloignée et que le créancier ait besoin d'argent, qu'il veuille se rembourser, il lui faut céder son hypothèque souvent à perte ; mais, dans tous les cas, quelles difficultés pour trouver un cessionnaire ! quels frais ! quels ennuis entraînent la nécessité de comparaître devant notaire, et les complications d'une subrogation ! Ajoutons la résistance du débiteur malheureux, ses instances, et voilà un tableau certainement adouci des ennuis et des embarras qui sont le cortége ordinaire du prêt hypothécaire.

La rente sur l'Etat, ne fût-elle pas aussi sûre, bien peu, je l'affirme, hésiteraient à la préférer à ce placement hypothécaire dont j'ai montré les inconvénients pratiques. Sans doute, il y aurait bien des réformes à introduire pour diminuer ces embarras inséparables de l'hypothèque, mais elle n'en conserverait pas moins son désavantage d'être moins productive.

C'est là un fait contre lequel il n'est pas permis de protester. Aveugle celui qni ne s'en rend pas compte. Qu'il aille causer avec son notaire et ses yeux s'ouvriront.

L'accumulation des valeurs mobilières, le développement excessif du crédit de l'État ayant créé cette situation, y a-t-il quelque chose à faire, en dehors des réformes pratiques, pour permettre au prêt hypothécaire, indispensable aux propriétaires, de lutter sans trop d'inégalité avec les placements en fonds publics ? aurait-on dû, en émettant une si grande quantité de valeurs, songer qu'on allait précisément attirer à soi l'épargne modeste enlevée à l'agriculture ? Je n'hésite point à le penser pour ma part. Non que je veuille restreindre le crédit de l'État, je sais trop combien il est nécessaire de le soutenir, de le favoriser même au détriment des autres valeurs ; mais je voudrais, suivant l'expression pittoresque d'un correspondant, que puisque l'État avait fait son emprunt, la terre pût aussi faire le sien.

On n'a pas, dans les hautes et sereines régions de la politique spéculative, médité cette page, cri d'angoisse du crédit mourant.

« Quand l'agriculteur ne trouve plus de bailleurs de fonds, la gêne arrive et l'expropriation n'est pas loin. C'est ainsi que bientôt on arrivera à la liquidation de la propriété foncière, et on peut être certain que des ventes trop nombreuses, volontaires ou forcées, déprécieront la propriété dans une proportion déplorable. Le Trésor lui-même éprouvera, par suite de l'avilissement de la valeur des immeubles, un préjudice sérieux dans ses recettes.

« Quand la propriété foncière est en souffrance, la prospérité publique est gravement menacée. Sa situation est analogue à celle du commerçant ; si celui-ci ne trouve pas de crédit, la conséquence fatale c'est la faillite ; pour la propriété foncière, la conséquence est la même sous un autre nom, c'est la vente à vil prix, c'est-à-dire la ruine.

« Nous ne cherchons pas à exagérer le mal ; nous devons cependant dire que l'expérience prouve que la plupart des acquéreurs d'immeubles ne possèdent pas le capital nécessaire au paiement de la totalité du prix ; que leurs convenances particulières, dans les campagnes surtout, sont une raison décisive, et qu'ils prennent le parti d'acquérir parce qu'ils comptent sur le crédit. Qu'ils aient la crainte de voir ce crédit leur faire défaut, ils s'abstiennent ; la concurrence disparaît et la propriété subit une dépréciation importante. » Relever le crédit du sol, à peine de voir un malaise général succéder bientôt à cette prospérité financière que nos revers nous ont laissée, et qui est le gage de notre salut : voilà quel doit être le but de nos recherches ; voilà ce qu'il faut trouver. Et je ne crois pas que ce désidératum soit au-dessus de nos efforts.

Il suffirait de vouloir... et de rendre, ce que je vais examiner, les conditions du prêt hypothécaire plus abordables, c'est-à-dire plus avantageuses.

III.

Pour permettre à l'obligation hypothécaire de lutter sans trop de désavantage avec les valeurs mobilières, il n'est pas besoin de recourir à une simplification de procédure ou de formes. Laissons au contrat d'hypothèque les formalités dont un législateur jaloux semble avoir voulu l'entourer : les embarras qu'il suscite sont la garantie de sa solidité.

Le temps, qui a toujours raison de la routine, substituera au formalisme antique dont nous sommes encore les esclaves d'autres règles plus simples, moins coûteuses et surtout plus rapides, sans diminuer cependant la protection dont le contrat hypothécaire est justement enveloppé. Mais là n'est pas la question que nous voulons traiter ; ce n'est pas à cause de ses formes extérieures que l'hypothèque est délaissée par le capitaliste, c'est surtout, c'est uniquement à cause du moindre revenu qu'elle assure. C'est donc à une augmentation de revenu que nous demanderons le moyen de restituer aux prêts hypothécaires leur prestige évanoui.

Un mot d'abord sur la question du taux auquel on devrait porter l'intérêt hypothécaire.

La loi de 1807 — loi si souvent violée en fait qu'on pourrait presque la regarder comme abrogée en droit, si les tribunaux, soucieux d'interrompre la prescription que les années ont élevée contre elle, ne venaient de temps en temps rappeler au prêteur qu'il est devenu usurier — cette loi,

comme on sait, a limité l'intérêt en matière civile à 5 0/0.
Mais la loi de 1807 n'a plus de raison d'être en face des avantages considérables que l'État fait à ses créanciers. En 1807,
il y avait fort peu de fonds d'État : aujourd'hui, au contraire,
comment reprocherait-on à un capitaliste de prêter à son
voisin à 6 0/0 quand le Trésor public lui offre d'emprunter
au même taux, quand la Banque a été autorisée à escompter
à 10 0/0, quand le Mont-de-Piété prête à 12 0/0 ? Que la règle
soit égale pour tous !

Il faut, dans un intérêt de moralité publique, que le Code
ne qualifie pas délit des opérations auxquelles l'État se livre
tous les jours. Il ne faut plus que la loi tolère chez l'un ce
qu'elle punit chez l'autre.

Il faut enfin, en dehors de ces considérations morales qui
ont bien leur prix, il faut, puisque les événements nous y
contraignent, modifier les règles et le taux de l'intérêt, au
moins en matière hypothécaire, comme ils sont changés de
fait en matière de crédit public. Il faut le faire promptement,
car chaque heure de retard est marquée par une ruine nouvelle.

Mais comment s'opérera ce changement ? Devons-nous,
comme le faisaient en 1866 tous les notaires de Paris, comme
les économistes les plus distingués ne cessent de le faire,
devons-nous réclamer la liberté absolue de l'intérêt ?

A Dieu ne plaise que je rentre ici dans un débat si souvent
entamé, si souvent épuisé. Le cadre limité que je me suis fixé
ne me permettrait pas une aussi grave digression. D'ailleurs
il serait puéril à celui qui cherche la solution d'une crise
menaçante, de se livrer à des dissertations sur les droits de
la morale publique et sur les nécessités de l'économie poli-

tique. Ne ressemblerais-je pas à ce pédagogue de la fable qui sermonnait son élève en grand danger d'être noyé. Sauvez-nous d'abord, me dirait-on, vous ergoterez ensuite.

Je ne m'aventurerai donc pas dans cette voie. Le travail dépasserait mes forces. D'ailleurs, quoique je sois convaincu de la nécessité de réformes radicales dans les conditions faites au crédit, ma prétention ne va pas jusqu'à me mêler à la querelle engagée depuis si longtemps, et je ne hâterais certainement pas la solution attendue. Aussi je me contente de chercher un *modus vivendi* pour le prêt hypothécaire et non pas une règle générale pour le prêt civil. Je tiens surtout à ne pas effrayer les esprits timorés, qui s'effaroucheraient bien vite de mes visées téméraires et fermeraient ma brochure en disant : Encore un révolutionnaire. Je me bornerai donc à réclamer une légère modification à l'état de choses actuel, c'est-à-dire l'élévation du taux de l'intérêt à 6 0/0 en matière hypothécaire, comme cela existe en matière commerciale.

Demandant si peu, j'aurai tout le bénéfice de la modération. On m'écoutera d'abord, et qui sait ? Peut-être on m'accordera ce que je sollicite.

Est-ce beaucoup demander ? Mais je lisais il y a quelques jours dans le *Journal officiel* trois lignes dont l'apparence inoffensive cache cependant une audacieuse révolution. C'était un projet de loi ainsi conçu : « La ville de *** demande à être autorisée à emprunter à 6 0/0. »

On ne pourra donc pas, sans injustice, m'accuser de témérité, puisque je me borne à réclamer, pour l'agriculture et la propriété foncière, des conditions que la chambre accordera sans discussion à une ville. Je sais que l'assemblée compte un certain nombre de membres hostiles à l'abolition des lois restrictives de 1807 ; eh bien! aucun d'eux ne se sera douté qu'il reniait ses convictions et faisait une concession dangereuse. J'ai donc le droit de dire, sûr de ce qui va se produire : Puisque les villes de France ne peuvent trouver de l'argent qu'à 6 0/0, comment veut-on que l'agriculteur s'en procure à 5. Quel raisonnement vaudra cette simple question ; et la poser n'est-ce pas en même temps la résoudre ?

Avec ma proposition, j'entre immédiatement dans le domaine des objections qu'on pourra me faire. Elles sont nombreuses, je les parcourrai rapidement, leur donnant cependant l'importance et les réponses qu'elles méritent. Je suis de ceux qui croient qu'exalter les raisons de ses adversaires, c'est rendre son propre succès plus grand.

L'un me dira : Mais vous ne pouvez assimiler le prêt hypothécaire au prêt commercial : le premier n'expose le créancier à aucun risque, le second est par sa nature même aléatoire et périlleux ; si périlleux, qu'on a créé le prêt à la grosse, dans lequel l'intérêt n'est pas fixé, pour compenser les chances de perte. Toutes ces considérations ne sont que spécieuses ; est-ce que le prêt fait à l'Etat, au Crédit foncier, expose à quelques risques ? et cependant il est fait à 6 0[0. L'objection n'a donc pas de valeur ; j'y ai d'ailleurs répondu plus haut.

Au surplus, si le prêt hypothécaire est entouré de garanties et paraît solide, est-ce qu'il n'expose pas aussi à certains risques, malheureusement trop fréquents, le créancier qui s'y est confié ? Quand les valeurs mobilières rapportent davantage, c'est-à-dire aux époques troublées, les immeubles se déprécient, et le prêteur qui fait vendre peut et doit fréquemment se trouver en perte, si prudent qu'il ait été. C'est un résultat auquel nous assistons tous les jours, dans le cas de saisie immobilière. Il peut se faire même que pendant un laps de temps assez long, on ne trouve pas d'acheteur, ou bien que l'acheteur soit insolvable. Alors les revenus des créances hypothécaires sont, sinon perdus, du moins singulièrement compromis. Il y a là une *alea* inhérente au prêt hypothécaire, et qui, surtout pendant les périodes de transition révolutionnaire, doit être prise en considération.

D'ailleurs, nous nous retrouvons toujours en présence de cet argument invincible : Il faut rendre au prêt hypothécaire sa faveur, à peine de voir la propriété foncière se déprécier chaque jour davantage.

Mais alors, me pourra-t-on dire encore, votre remède n'est qu'une gêne nouvelle ajoutée à toutes celles qui écrasent la propriété foncière. C'est-à-dire, en formulant l'objection d'une manière plus précise : ne sera-ce pas hâter et rendre plus sûre la ruine des propriétaires besoigneux qui tirent à peine 5 0/0 de leurs meilleures terres, et qui, ayant emprunté à 6 0/0, ne pourront pas, à moins d'entamer leur capital, payer les intérêts ? De là une ruine prochaine et plus certaine encore.

Cette objection a été faite à maintes reprises, elle est plus sérieuse. Mais elle ne tient pas devant un examen attentif de la question.

D'abord il faudrait répondre à ce raisonnement qui a au moins l'apparence de la raison : Là où le revenu de la terre s'élève à 4 et 5 0/0, prêter à 6 0/0 au cultivateur ne peut être plus répréhensible que de prêter à 5 ou même à 4 0/0 là où la propriété ne rapporte que 2.

En 1866, M. Gaudin écrivait ces lignes qui me semblent une confirmation éclatante de mon allégation ; « Quant à l'intérêt que les cultivateurs ne peuvent, dit-on, sans courir à la ruine, dépasser dans leurs emprunts, et qu'il est d'usage de baser sur le revenu net des terres de la localité, c'est-à-dire sur le prix de location, taux qu'on dépasse d'ailleurs dans les achats à terme, nous croyons qu'il varie à l'infini : il varie d'abord avec ce revenu net qui se modifie, suivant les temps, les lieux, la nature des produits et le mode de culture ; il varie suivant la destination que doit recevoir l'argent prêté, suivant les conditions de la propriété qu'une amélioration intelligente peut quelquefois transformer complétement à l'aide de prêts relativement minimes, car c'est en agriculture surtout qu'il faut distinguer entre les fonds employés à l'acquisition du sol et ceux destinés à son exploitation. Dans l'agriculture comme dans l'industrie, nous sommes convaincus qu'il n'est pas possible de fixer une limite aux progrès que le génie et le travail de l'homme peuvent accomplir. L'enquête a constaté que le travail seul, et le travail réduit aux bras de l'homme, c'est-à-dire aux conditions les moins favorables, accomplit chaque jour de tâches qui semblent impossibles à l'intelligence et à la richesse. »

Et puis en matière de crédit, comme en tout autre, il vaut mieux être gêné pendant quelques temps que ruiné pour toujours.

C'est ce qui faisait dire à M. Gaudin : « Nous croyons que dans les temps de crise, les sacrifices exceptionnels sont souvent le seul moyen de salut, et nous nous rappelons à cet égardt la déposition d'un notaire, lequel reconnaissait qu'en faisan, respecter la loi que son prédécesseur permettait d'éluder, il avait empêché des emprunts usuraires, mais amené en même temps, par des ventes désastreuses, la ruine de ceux qu'il voulait protéger.

Nous ne pouvons donc croire au danger d'une élévation du taux de l'intérêt.

Toutes les observations, tous les faits prouvent que l'élévation même excessive des taux de l'intérêt, loin d'être une ruine pour l'emprunteur, est souvent pour lui le salut.

Ainsi le Mont-de-Piété prête à gros intérêts, 12 0[0. Eh bien, malgré ces conditions en apparence écrasantes, il est la ressource de beaucoup de commerçants. Ce que nous avançons ici, M. Blaise, directeur du Mont-de-Piété, l'écrivait en 1861 : « Nos opérations, disait-il, sont en raison inverse et non en raison directe de la misère : lorsque les affaires ont une grande activité, le petit commerce, la petite fabrication demandent au Mont-de-Piété les capitaux dont ils ont besoin. » Cet intérêt onéreux est le salut de leur commerce, et cependant ces petits commerçants ne gagneront pas assez pour payer indéfiniment 12 0/0 d'intérêt; mais le prêt, si lourd qu'il soit pour le moment, permet au négociant embarrassé de relever ses affaires et de se dégager bientôt d'une aussi lourde obligation. Cherchons maintenant dans l'ordre purement agricole, et nous rencontrerons des faits analogues.

Il y a dans le département de Saône-et-Loire de petits cultivateurs qui achètent en mai des bœufs pour le travail, et les revendent en novembre. S'ils les achetaient comptant, ils les paieraient 600 fr. Mais comme ils ne paient que 300 fr. au moment de l'acquisition, et qu'ils promettent les 300 fr. pour l'époque où ils comptent avoir vendu, ils consentent à donner 50 fr. de plus pour cette facilité. Cette transaction est usuelle et se renouvelle pour d'autres animaux. Le cultivateur, dans ce cas, a donc payé 34 0/0 d'intérêt, et cependant il n'a pas trouvé les conditions du prêt trop lourdes, puisque ce prêt lui a permis de labourer son champ.

Eh bien, est-ce qu'il ne vaudrait pas mieux pour ce petit cultivateur, emprunter à 6 0/0 et payer comptant ses bœufs. Il gagnerait 28 0/0 d'intérêts,

La crise d'ailleurs nous en avons le ferme espoir, ne sera que passagère. Quand les valeurs, reprenant un cours réguliers, l'argent n'affluera plus vers la rente, mais se tournera vers l'hypothèque qui offrira un revenu égal et des garanties aussi sûres, on verra bientôt se produire le résultat suivant : Le revenu des valeurs mobilières baissant, le crédit du sol remontera. C'est là une conséquence nécessaire. Le crédit mobilier et le crédit foncier sont comme les plateaux d'une balance : l'un d'eux ne peut pas descendre sans que l'autre ne monte.

Au surplus, même en s'abandonnant aux prévisions les plus noires, quelle meilleure réponse pourrions-nous faire, que celle-ci. Le directeur d'un grand établissement de crédit, le Comptoir agricole de Seine-et-Marne, M. Delbard déclarait il y a quelques années que la banque à la tête de laquelle il est placé, prêtait à 10 et même 11 0l0. « Nous ne pouvions procurer de l'argent à un moindre taux, » et cependant, ajoutait-il, c'était rendre un grand service à l'agriculture que de prêter à un taux aussi élevé.

Rien n'est plus vrai ; n'est-il pas maintes occasions où la moindre somme permet d'échapper à un désastre ? C'est ce qui arrive tous les jours pour la propriété foncière.

Par exemple, un bâtiment menace ruine, le propriétaire n'a pas d'argent et ne peut en trouver. Moyennant une petite somme il pourrait consolider ses murs ; mais l'hypothèque lui reste fermée ; son bâtiment tombera, et il ne sera plus possible de le relever à moins d'un gros sacrifice. Un prêt à 6 0[0 permettrait au propriétaire de faire face au danger ; et comme il n'aurait emprunté qu'une faible somme, il la rembourserait en peu de temps.

Un cultivateur n'a pas vendu sa récolte ; il a cependant besoin d'argent pour reprendre la culture. Un prêt à 6 0[0 et à courte échéance le sauverait.

Un industriel est engagé dans une opération fructueuse ; mais son industrie exige de nouveaux bâtiments ; il n'a pas d'épargne. Le prêt hypothécaire à 6 0[0 lui permettra de doubler son revenu.

Dans toutes ces hypothèses, qui ne sont pas le fruit de mon imagination, une petite somme peut relever le crédit d'une propriété, et même augmenter notablement sa valeur. Faute de cette somme, le bâtiment, la terre, l'industrie, vont dépérir.

Veut-on un exemple emprunté à un autre ordre d'idées, mais aussi concluant ? Le gouverneur du crédit foncier déclarait, en 1864, que s'il n'avait pas pu, sous forme d'obligations, emprunter à un taux prohibé par la loi, ce grand établissement aurait depuis longtemps cessé d'exister.

J'ai nommé le crédit foncier ; me dira-t-on qu'il a été précisément fondé pour offrir de l'argent sur hypothèque à l'agriculteur besogneux, au petit propriétaire gêné ? Mais qu'il me soit permis de répondre, sans qu'on puisse m'accuser de porter une accusation ou un blâme contre ce grand établissement financier, dont je suis le premier à reconnaître et à proclamer l'utilité. Ne sait-on pas combien sont lourdes les conditions que le crédit foncier fait à ses emprunteurs, surtout à ce moment de crise, et n'est-il bien des cas dans lesquels son secours est absolument inefficace. D'abord, il faut que l'emprunteur prenne à 500 fr. (je parle d'une variété d'obligations) des titres dont il tirera, cela s'est vu, seulement 420 fr. ; puis il paiera un intérêt d'un peu plus de 6 0[0 sur la première de ces sommes, ce qui élève notablement le taux de l'intérêt réel. Ajoutons des frais d'emprunt considérables, et la perspective, si l'on veut rembourser, de payer un droit d'un 1[2 0[0 du capital prêté. Le crédit foncier, j'en conviens, ne peut faire autrement, puisqu'il n'est qu'un intermédiaire, et que s'il donne au pair des obligations qui ne valent que 420 fr. il doit les reprendre également au pair. Je n'ai donc aucun grief à formuler contre le mode de prêt employé, et imposé par les circonstances, mais je dois constater, et personne ne le niera, que les prêts du crédit foncier reviennent très-cher.

Enfin, et c'est là une considération très-grave, il faut, pour emprunter au crédit foncier, avoir des titres parfaitement réguliers. Il est bien des cas où le propriétaire ne se trouvant pas dans les conditions exigées, se verra refuser les fonds dont il a si grand besoin.

Toutes ces observations ont été faites, elles sont éparses dans les journaux et les livres, et je n'ai que le mérite de les reproduire en les groupant. Quand en 1866, on se préoccupait des moyens de rendre à la terre les fonds dont elle était privée, presque tous les déposants, après avoir constaté cette vérité déjà vieille que l'argent manquait à l'agriculture, deman-

daient avec instance que le gouvernement avisât aux moyens
de lui en procurer. Mais les uns, partisans de la liberté absolue de l'intérêt, se déclaraient prêts à payer l'argent à sa valeur et demandaient seulement que la loi cessât d'intervenir
dans les transactions entre le prêteur et l'emprunteur : Nous
aurons de l'argent, disaient ils, dès que nous ne serons plus
soumis qu'aux règles de l'offre et de la demande. Le taux
de l'intérêt montera d'abord, puis les cours se régulariseront,
et la terre recouvrera son crédit à des conditions favorables.
Les autres, défenseurs des mesures restrictives, cherchaient
un remède dans l'intervention directe du gouvernement. Ils
demandaient qu'on replaçât la Banque sous la loi commune, qu'on modifiât les conditions des prêts faits par le
crédit foncier, et surtout qu'on créât des banques agricoles.
Il y avait évidemment dans cette dernière demande une idée
féconde, mais on ne crée pas en un jour des banques prospè-
res, et puis j'ai peur de voir l'action du pouvoir central s'é-
tendre dans la sphère des intérêts privés. Il faut laisser à
l'initiative individuelle sa part d'action. La remplacer ou même
la diriger, c'est exposer le pays aux grandes catastrophes,
dont nous avons eu tant et de si douloureux exemples. La
liberté peut s'égarer parfois, mais en donnant son essor à
l'activité humaine, elle produit bientôt des fruits durables.
La tutelle gouvernementale au contraire, de quelque manière qu'elle s'exerce, amoindrit la valeur de l'homme, la
supprime bientôt et ne lui substitue qu'une stérile routine.
Les faits de ces vingt dernières années parlent assez haut, et
les mœurs économiques ne diffèrent pas sur ce point des
mœurs politiques.

Que l'État n'intervienne donc pas directement, sinon pour

entr'ouvrir la porte fermée du crédit, jusqu'au jour prochain sans doute, où il pourra l'ouvrir toute grande. Que l'Assemblée nationale soucieuse des intérêts du sol, jette les yeux sur tant de misères et de gênes. Les plaintes ne sont elles pas montées jusqu'à elle? D'ailleurs nous demandons bien peu. Qn'on fasse pour la terre, source de la prospérité nationale, ce qu'on a fait pour une ville de Normandie ; est-ce se montrer bien exigeant ?

Ce taux de 6 0[0 que je demande, et dont on me reproche déjà la timidité, c'est le *maximum* auquel atteignent les meilleures valeurs, la Rente, les obligations foncières. En un mot, je voudrais qu'on songeât à enlever au prêt hypothécaire les entraves dans lesquels la loi de 1807 l'a aveuglement enfermé. Qu'on lui laisse une latitude plus grande : alors il pourra lutter contre les valeurs mobilières ; alors il redeviendra non-seulement un excellent emploi pour le père de famille, mais encore un placement sûr à tous les points de vue pour le prêteur, et surtout une ressource efficace pour l'emprunteur.

Mais que l'on se hâte. Les instants sont précieux. Chaque jour voit s'accroître le nombre et le chiffre des expropriations et des ventes volontaires, indices trop certains d'une ruine nouvelle. Il y a sans doute bien des lois utiles à voter, mais celle-là doit passer avant toutes, car demain peut-être il serait trop tard.

Paris, le 20 janvier 1873.

Tours. — Imp. Ernest Mazereau, rue Richelieu, 13.

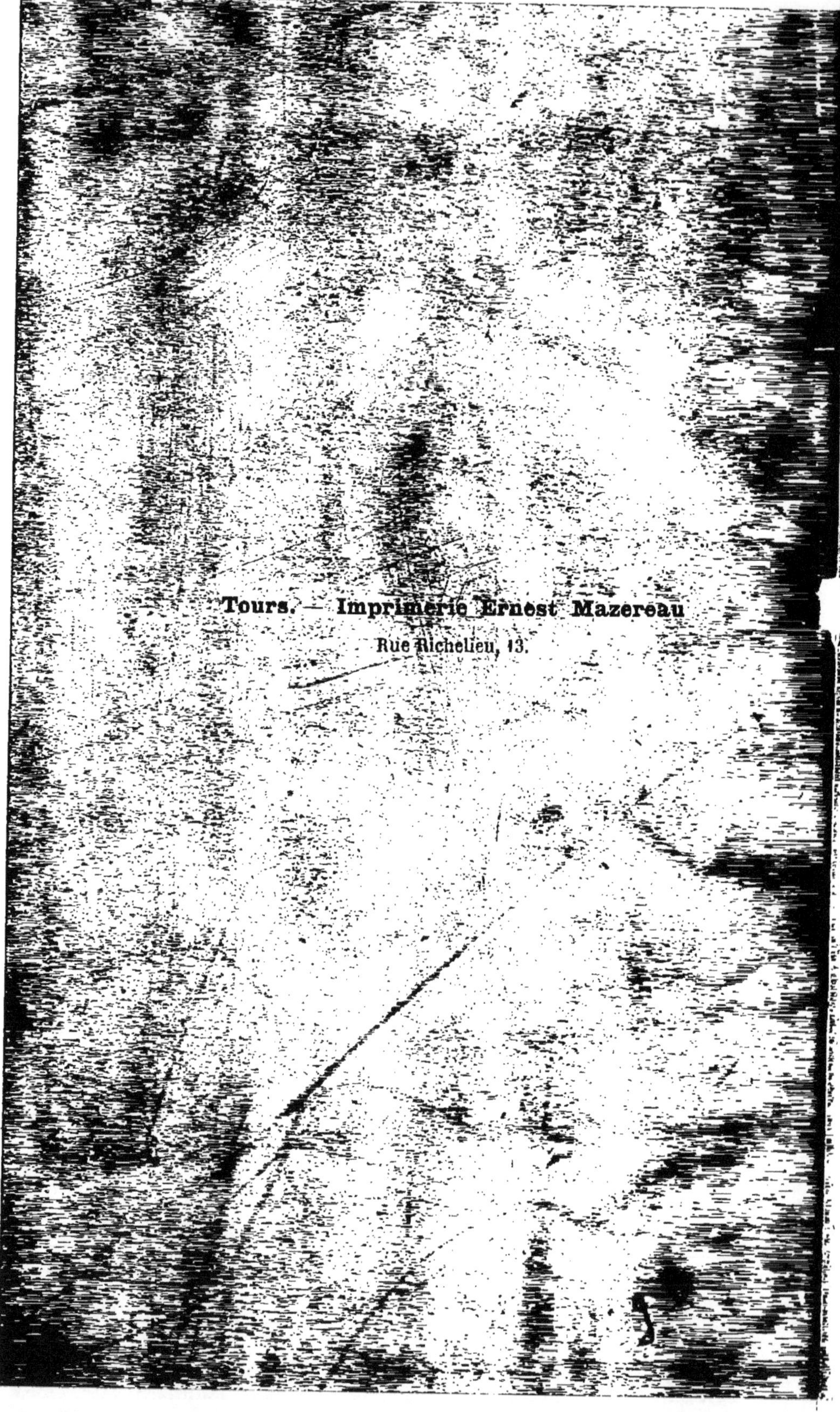

Tours. — Imprimerie Ernest Mazereau
Rue Richelieu, 13.

9 782329 017877